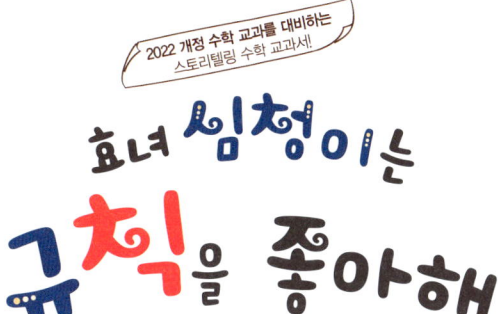

초등 1·2학년 수학동화 시리즈 ❽
효녀 심청이는 규칙을 좋아해

1판 2쇄 발행 2025년 10월 24일

글쓴이	고자현
그린이	김창희
수학놀이	수랄라쌤(고해영)
감수	김명현, 서재희, 최광식
편집	허현정
디자인	이재호
펴낸이	이경민
펴낸곳	㈜동아엠앤비
출판등록	2014년 3월 28일(제25100-2014-000025호)
주소	(03972) 서울특별시 마포구 월드컵북로 22길 21, 2층
홈페이지	www.moongchibooks.com
전화	(편집) 02-392-6901 (마케팅) 02-392-6900
팩스	02-392-6902
전자우편	damnb0401@naver.com
SNS	f 📷 blog

ISBN 979-11-6363-891-9 (74410)
      979-11-6363-749-3 (세트)

※ 책 가격은 뒤표지에 있습니다.
※ 잘못된 책은 구입한 곳에서 바꿔 드립니다.

도서출판 뭉치는 ㈜동아엠앤비의 어린이 출판 브랜드로, 아이들의 지식을 단단하게 만들어 주고, 아이들의 창의력과 사고력을 키워 주어 우리 자녀들이 융합형 창의 사고 뭉치로 성장할 수 있도록 좋은 책을 만들겠습니다.

초등 1·2학년 수학동화

2022 개정 수학 교과를 대비하는 스토리텔링 수학 교과서!

✓ 무늬와 수 배열에서 규칙 찾기
✓ 생활에서 규칙 찾기

효녀 심청이는 규칙을 좋아해

글 고자현 • 그림 김창희 • 수학놀이 수랄라쌤(고해영)

뭉치 MoongChi Books

추천사

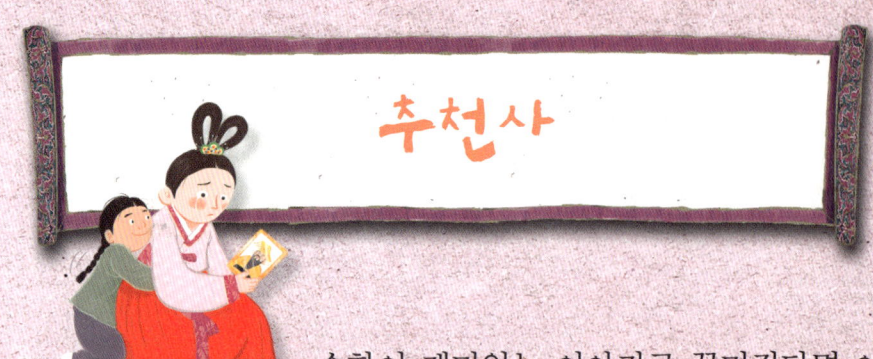

　　수학이 재미있는 이야기로 꾸며진다면 어떨까요? 매일 동화책을 읽듯이 수학 공부를 하면 참 재미있을 거예요.

　사람들이 대부분 '수학' 하면 더하기, 빼기, 곱하기 같은 계산을 떠올리지만, 사실 수학은 우리들의 일상생활 속에서 시작되었어요. 아주 오랜 옛날부터 사람들은 물건을 세거나 계산해야 할 일이 생겨났거든요. 또 내가 기르는 양이 몇 마리인지, 수확한 사과가 몇 개인지 알아보려면 수가 필요했지요. 이렇게 해서 생겨난 것이 수학이랍니다.

　수학은 사람들의 호기심에서 시작되었기 때문에 수학에는 많은 이야기가 숨어 있어요. 사실 수학을 빼고 나면 "떡 하나 주면 안 잡아 먹지!"라고 하는 『해님 달님』 동화도 읽을 수 없고, "십 리도 못 가서 발병 난다."고 하는 '아리랑' 노래도 부를 수 없어요. 피라미드의 높이를 잰 것도, 지구의 둘레를 잴 수 있었던 것도 바로 수학이 있었기 때문이지요. 이야기 속에 어떤 수학이 숨어 있나 찾아보는 것도 즐거운 수학 공부가 될 수 있어요.

이야기를 통해 수학을 배우면 배운 내용을 쉽게 그리고 오래 기억할 수 있어요. 지금보다 여러분이 더 어렸을 적 엄마 아빠가 들려준 이야기처럼 말이지요. 이 책을 읽다 보면 가끔은 이해가 되지 않는 부분도 있을 거예요. 하지만 걱정하지 말고 그냥 지나쳐도 괜찮아요. 아직은 배우지 않았지만 곧 학교에서 배우게 될 거니까요. 그때 지금 읽었던 이야기가 여러분 머릿속에 번쩍하며 떠오를 겁니다.

애완견 '와리'와 '이야기 속 주인공'들이 함께하는 재미있는 수학 탐험으로 여러분을 초대합니다. 그동안 수학이 더하기, 빼기 같은 계산만 있다고 생각하였다면, 이젠 이야기 속 주인공들과 함께 수학이 어디에 쓰이는지, 수학이 왜 필요한지 이야기를 통해 자연스럽게 알게 될 거예요. 이 책을 읽는 어린이 여러분은 '혹부리 영감, 도깨비방망이'와 동화 속 이야기가 그러하듯이 수학동화 시리즈 속의 이야기를 통해 자유롭게 상상하고 맘껏 즐기길 바랍니다. 수학은 여러분이 생각하는 것보다 훨씬 재미있고 흥미진진합니다. 그러다 보면 어느새 수학은 재미없는 계산 문제가 아니라 호기심 가득한 신나는 '장난감'이 될 거예요.

서울노일초등학교 교사 김남준

작가의 말

　어렸을 적, 먼저 학교에 들어간 언니 오빠들이 "수학은 너무 어려워!", "수학만 없으면 학교생활이 훨씬 재미있을 텐데……."라는 말을 하며 한숨을 쉬는 모습을 보았어요. 그 당시 '도대체 수학이라는 녀석은 얼마나 무서운 녀석일까?'라는 생각을 했었지요.

　그런데 어른이 되고 보니, 수학은 험상궂은 친구가 아니었어요. 친하게 지내면 어떤 문제도 논리적으로 생각하며 해결할 수 있는 힘을 기르게 도와주지요. 『효녀 심청이는 규칙을 좋아해』에서 와리는 '이상한 학교' 친구들을 만나 규칙을 배우고 문제를 해결하지요. 선녀는 새로운 무늬로 최고의 옷감을 짜는 데 규칙을 활용하고, 농부 아저씨는 수 배열과 색의 규칙을 통해 농작물을 빠르게 키우지요. 또 심청이는 규칙을 이용해 아름다운 연꽃극장을 세웁니다.

　어머나! 놀랍지 않나요? 우리 주변에 이렇게 많은 규칙이 숨어 있다는 사실이요. 책 속의 규칙 말고도 여러분이 입는 옷이나 이불, 목욕탕 타일처럼 일상생활에서도 수많은 규칙이 활용되고 있어요. 이런 규칙을 찾는 능력은 수학 공부에 아주 큰 도움이 되지요.

저는 와리가 동화 속 주인공들과 신나게 놀면서 초등학교 1~2학년군 수학 교과서에 나오는 규칙 찾기를 배운 것처럼, 여러분도 일상생활 속에 숨겨진 규칙을 발견하며 수학을 좀 더 쉽고 재미있게 접근하길 바랍니다. 또한 와리가 수학 문제를 하나씩 해결하며 자신감을 얻었듯이 수학 앞에 선 여러분도 용기를 내어 도전하길 바랍니다.

저는 자신 있어요. 분명 이 책을 읽고 나면 '수학은 참 재밌구나!'라고 느낄 거라는 것을요. 마지막으로 여러분이 이 책을 통해 수학에 흥미를 느끼고, 수학적 개념의 아름다움을 경험하며, 사고력과 창의력이 샘솟기를 바랄게요. 그럼, 지금부터 와리와 함께 신나는 수학 모험을 떠나 볼까요?

동화 작가 **고자현**

엄마를 위한 새 수학 교과서 소개

예전의 수학 교과서는 공식과 문제 풀이 위주의 딱딱한 내용들로 가득 차 있었습니다. 하지만 아이들이 이렇게 수학을 공부하면 금세 흥미를 잃고 배운 내용도 잊어버리고 말지요. 그래서 2012년 1월, 교육과학기술부에서는 수학 교과서의 구성을 스토리텔링으로 바꾸겠다고 발표했습니다.

스토리텔링 수학은 수학 내용과 관련 있는 소재와 상황 등을 동화로 꾸며 쉽고 재미있게 배우는 수학 학습법입니다. 또한 2015 개정 교육과정이 적용된 수학 교과서는 형식은 스토리텔링 수학을, 내용에서는 실생활 연계 통합교과형(STEAM) 수학을 보여 주었습니다. 또한 학습 내용을 기존 교과서보다 20%나 줄이고 쉽게 조정하는 대신 다양한 교구를 활용한 활동을 늘렸습니다. 수학을 놀이처럼 즐기면서 자연스럽게 수학 학습을 할 수 있도록 하였습니다.

한편 2022 개정 교육과정에서 초중등 수학의 목표는 '초등과 중등의 연계성 강화'입니다. 이를 위해 교과 영역을

통합하고 과정을 간소화합니다. 즉 크게 수와 연산, 변화와 관계, 도형과 측정, 자료와 가능성 등 4개 영역으로 통합하였습니다.

그렇지만 여전히 단원 시작은 스토리텔링을 통해 학생들의 호기심과 흥미를 유발합니다. 또한 수학 교과서가 검정으로 바뀐 뒤 학교마다 다른 교과서를 사용하지만 학년별로 알아야 할 수학 성취 기준 내용은 공통입니다.

<초등 1·2학년 수학동화> 시리즈는 이러한 수학 교육의 변화에 맞춘 학습 동화입니다. 아이들에게 익숙한 전래동화와 명작동화 이야기로 학습 내용을 구성하여 자연스럽게 수학 지식을 익히도록 하였습니다. 책 속 부록인 <개념이 쏙쏙 들어오는 엄마표 수학놀이>는 교과서의 내용을 확장한 체험 및 놀이 영역을 반영하여, 가정에서 부모님이 아이들과 함께 재미있는 놀이로 책을 통해 배운 내용을 복습할 수 있게 구성되어 있습니다.

전래동화와 명작동화 속 주인공들이 펼치는 신나는 모험 이야기를 따라가다 보면 아이들은 어느새 새로운 수학 개념과 문제 해결 방법을 깨닫게 되는 경험을 하게 될 것입니다.

편집부

전래동화도 함께 읽어 보세요

『선녀와 나무꾼』의 나무꾼은 산속에서 늙은 어머니와 함께 살았어요. 나무꾼은 나이가 들어도 장가를 들지 못했지요. 그러던 어느 날, 나무꾼이 어여쁜 색시를 데리고 집으로 왔어요. 사냥꾼에게 쫓기던 사슴을 구해 준 덕분에 나무꾼은 선녀를 아내로 맞이했어요. 나무꾼은 선녀와 함께 아이 셋을 낳고 오순도순 살았어요. 하지만 행복은 오래가지 못했어요. 사슴이 아이 넷을 낳을 때까지는 날개옷을 절대 돌려주지 말라고 당부했지만 나무꾼이 그 말을 어긴 것이지요. 날개옷을 되찾은 선녀는 아무런 망설임 없이 아이들을 데리고 하늘나라로 돌아갔어요. 나무꾼이 애타는 마음으로 돌아오라고 하늘에 외쳤지만 선녀와 아이들을 다시는 볼 수 없었어요.

『빨간 부채 파란 부채』의 한 농부가 길을 가다가 빨간 부채와 파란 부채를 주웠어요. 신기하게도 빨간 부채를 부치면 코가 길게 늘어나고, 파란 부채를 부치면 코가 도로 줄어들었지요. 아주 신기한 요술 부채였지요. 농부는 요술 부채를 가지고 마을 사람들에게 장난을 치다가, 하루는 코가 어디까지 늘어나는지 궁금해서 빨간 부채로 부채질을 시작했어요. 코는 점점 길어져 하늘나라 부엌에까지 닿지요. 마침 밥을 하던 하녀가 부지깽이로 나뭇더미를 쿡 찌른다는 것이 그만 농부의 코를 찔렀어요. 코가 더 길어지지 않자 농부는 파란 부채로 부채질을 시작했어요. 그런데 코가 줄어들면 줄어들수록 농부의 몸이 둥실 떠올라 하늘 높이 올라가는 거예요. 마침내 하녀가 부지깽이를 쑥 뽑아 버리자, 농부는 땅으로 떨어지고 말았답니다.

　『심청전』의 심청이는 앞 못 보는 아버지와 함께 살았어요. 어느 날, 한 스님을 통해 공양미 삼백 석을 부처님께 바치면 아버지가 눈을 뜰 수 있다는 얘기를 듣게 되었어요. 하지만 심청이네 집은 끼니를 겨우겨우 이을 정도로 가난했어요. 그때 마을에 처녀를 산다는 뱃사람들이 나타났어요. 심청이는 아버지를 위해 쌀 삼백 석을 받고, 인당수 제물이 되기로 결심했어요. 결국 심청이는 시커먼 바닷속에 뛰어들었어요. 그런데 얼마 뒤 심청이는 고운 연꽃에 실려 땅 위로 오게 되었고, 왕의 눈에 띄어 왕비가 되었어요. 그리고 눈을 뜨지 못한 심청이 아버지는 심청이가 연 잔치에 왔다가, 딸을 만나 번쩍 눈을 뜨게 되었어요. 이때 그 자리에 있던 모든 장님이 눈을 뜨게 되었어요.

이야기 속 친구들을 소개합니다

와리

시우가 학교에 갈 때 나도 '이상한 학교'에 가. 이상한 학교는 동화 속 유명한 주인공들만 다니는 학교야. 난 학교에서 친구들과 노는 게 너무 좋아. 가끔은 어려움에 처한 친구들을 도와줘.

시우

요즘 들어 와리 녀석이 수상해. 놀자고 보채지도 않고, 늦게까지 싸돌아다니다가 들어와. 나같이 바쁜 초등학생처럼 군다니까.

선녀

하늘나라 옥황상제님의 셋째 딸이야. 하늘나라로 돌아가려면 아버지를 위한 최고의 옷감을 짜야만 해. 과연 나무꾼과 세 아이를 데리고 하늘나라로 갈 수 있을까?

까치와 까마귀

우리는 정보통이야. 이상한 학교에서 일어나는 여러 일들을 친구들에게 알려.

옥황상제

선녀의 아버지이자 하늘나라에서 살아. 사실은 새 옷을 엄청 좋아해.

농부 아저씨

나는 성실하고 착하게 살려고 노력하고 있어. 어느 날 빨간 부채와 파란 부채를 주웠는데 걱정이 많아졌지 뭐람.

심청

사람들이 나더러 효녀래. 난 앞 못 보는 아버지의 눈을 뜨게 하고 싶어서 인당수에 몸을 던졌어. 나의 착한 마음에 감동한 용왕님 덕분에 연꽃 배를 타고 마을로 돌아왔어. 아버지를 위해 극장을 세우고 싶은데, 가능할까?

차례

추천사 • 4
작가의 말 • 6
엄마를 위한 새 수학 교과서 소개 • 8
전래동화 및 등장인물 소개 • 10

이야기 하나

나무꾼과 함께 집으로
돌아가고 싶은 선녀 • 18

무늬에서 규칙 찾기

이야기 둘

농부 아저씨는 부채로
부자가 되었대 • 40

수 배열에서 규칙 찾기
색 규칙 찾기

이야기 셋

효녀 심청이는 규칙을 좋아해 · 60

생활에서 규칙 찾기

책 속 부록

개념이 쏙쏙 들어오는 엄마표 수학놀이 · 80

유튜브 '수랄라TV'의 수랄라쌤이 추천하는 수학놀이로 개념과 원리를 다져요!

수학놀이 1 나는야, 규칙 발견 탐정
수학놀이 2 나만의 멋진 팽이 만들기
수학놀이 3 연필꽂이 만들기
수학놀이 4 두근두근, 다음 수를 맞춰 봐!
수학놀이 5 숨겨진 날짜를 알아내라!

내 이름은 와리! 시우네 집에 사는 강아지다. 나는 평범한 강아지가 아니다. 난 사람들의 말도 알아듣는 아주 똑똑한 강아지니까.

오늘 '이상한 학교'에 가서 자리에 앉았더니, 책상 위에 금색 리본으로 둘러진 예쁜 분홍색 봉투가 놓여 있었다.

'누구지? 혹시 나 고백받는 거야? 이놈의 인기란. 하하하.'

나는 봉투를 뜯어 편지를 읽었다.

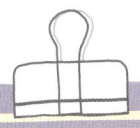

와리에게,

와리야, 안녕?

나는 선녀야. 나는 다시 하늘나라 집으로 돌아가고 싶어.

그런데 옥황상제님이 큰 숙제를 줬어. 최고의 옷감을 짜야만 하늘나라 집에 갈 수 있대. 도통 자신이 없어.

우리 가족과 함께 하늘나라로 가려면 어떻게 해야 할까?

영리하고 용감한 강아지 와리는 나를 도와줄 수 있을 거라고 믿어.

선녀가

이 편지를 보낸 건 옥황상제의 셋째 딸, 선녀였다. 고백 편지가 아니라서 좀 실망했지만 선녀의 고민은 꼭 해결해 주고 싶었다.

그때 우리 학교의 유명한 소식통, 까치와 까마귀가 내 곁으로 다가왔다.

"와리야, 뭐 하고 있어?"

까치가 먼저 물었다.

"너희 혹시 선녀가 왜 하늘나라 집을 떠나 여기에 살게 되었는지 아니?"

그러자 까마귀가 대답했다.

"나무꾼 때문이잖아. 목욕하러 내려온 선녀의 옷을 훔쳐 아내로 맞았다며."

"맞아. 나무꾼은 항상 선녀에게 미안해했어. 선녀가 집으로 돌아갈 수 없게 된 건 자기가 욕심을 부린 탓이라면서."

"체념한 선녀는 다행히 금방 이곳 생활에 잘 적응했고, 나무꾼의 진심을 받아 줬어."

"선녀와 나무꾼 사이의 세 아이를 봤어? 너무 사랑스러운 가족이야."

"그런데 하늘나라에서 선녀에게 돌아오라고 했나 봐. 그래서 선녀가 나무꾼과 세 아이와 함께 가겠다고 했더니……."

"옥황상제님이 화를 내셨대!"

나는 어쩐지 선녀가 안쓰러웠다. 그리고 편지의 이 부분이 마음을 흔들었다.

'영리하고 용감한 강아지 와리……. 흠. 선녀에게 나는 이런 존재인 걸. 그렇다면 가만히 있을 수는 없지.'

나는 고민 끝에 선녀에게 답장을 썼다. 곁에 있던 까치와 까마귀는 서로 편지를 전해 주겠다고 다퉜다.

"그러지 말고, 둘이 같이 전해 줘."

"그래."

까치와 까마귀는 동시에 말하고 떠났다.

며칠 뒤 난 선녀의 집으로 갔다. 선녀는 옷감을 짜고 있었다.

"선녀야, 안녕? 편지 받고 왔어."

"고마워. 옥황상제님이 온 가족이 함께 오려면 최고의 옷감을 짜라고 하는데, 어떻게 해야 할지 모르겠어."

정말 어려운 문제였다.

사실 선녀는 최고의 옷감을 짜는 장인이었다. 그래서 하늘나라는 물론 지상에서도 인기가 많았다. 눈앞에서 선녀가 옷감을 짜는 장면을 보니 정말 놀라웠다.

"우아, 훌륭한걸. 이걸 다 너 혼자 만든 거야?"

"응. 사실 하늘나라에서는 옷감을 짜기만 하면 칭찬을 받았거든. 가끔 게으름을 피워서 아버지께 혼이 났지만 말이야. 잠깐 따라 올래?"

선녀가 한곳으로 나를 데려갔다. 그곳에는 화려하면서도 어딘가 단정한 느낌의 무늬가 새겨진 옷감들이 있었다. 그 옷감들은 옥황상제에게 칭찬을 받은 거라고 했다.

나는 옷감들을 보며 생각했다.

'흠……, 옥황상제님께서 말씀하신 최고의 옷감이란 건 결국 옥황상제님의 취향이지 않을까?'

한참을 들여다보던 그 순간, 마치 내가 명탐정이라도 된 것 같은 기분이 들었다. 정답을 찾을 수 있을 것만 같았다.

"선녀야, 평소 옥황상제님은 규칙이나 규율 같은 것을 좋아하시니?"

"어떻게 알았어?"

"이 옷감들의 무늬에는 공통점이 있어."

"와리야, 수수께끼 내지 말고 바로 말해 줘!"

"자, 이 옷감부터 볼까?"

내가 가리킨 옷감을 유심히 살펴보던 선녀가 대답했다.

"이 옷감은 내가 산봉우리 위에 뜬 둥근 해가 예뻐서 만든 옷감인데……."

"선녀야, 옷감 무늬에 어떤 규칙이 보이지 않니?"

한참을 들여다보던 선녀가 조심스레 말했다.

"윗줄에는 큰 동그라미, 작은 동그라미, 큰 동그라미, 작은 동그라미가 반복되고, 아랫줄에는 큰 세모, 작은 세모, 큰 세모, 작은 세모……. 이렇게 반복되는 규칙인 것 같아."

"선녀야, 맞았어. 그럼 다음 옷감도 한번 볼까?"

이번에는 줄무늬가 인상적인 옷감이었다.

"이건 사선으로 노란색과 검은색 줄이 반복되는 거 같아."

"선녀야, 이 무늬에 영감을 준 건 혹시 호랑이야?"

"정답!"

"그러고 보니 옥황상제님이 좋아하신 옷감들은 모두 무늬가 들어

갔네. 규칙적인 무늬!"

"그렇구나. 역시 넌 영리한 강아지야."

"하하하. 칭찬 고마워!"

나는 선녀의 칭찬에 약간 쑥스러웠다.

불쑥 선녀가 말했다.

"와리야, 나 갑자기 영감이 떠올랐어."

"뭔데?"

"아버지는 내가 나무꾼과 사랑에 빠져 옷감 짜는 일에 게을러졌다고 생각하거든. 그래서 앞으로는 우리 가족과 성실하게 살겠다는 의지를 표현하고 싶어."

선녀가 커다란 종이에 무언가를 그리기 시작했다. 엄청나게 빠른 속도였다.

"이 무늬 어때?"

나는 선녀가 그린 그림을 들여다보았다. 거기에는 나무를 베는 도끼와 베틀이 화려하게 그려져 있었다. 그런데 그림이 여백 없이 너무 꽉 차 있었다. 그래서 정신없고 복잡하게 느껴졌다.

선녀는 자랑스럽게 말했다.

"앞으로 나는 최고의 옷감을 짜는 선녀가 될 거고, 내 남편은 세상

에서 가장 나무를 잘하는 나무꾼이 되겠다는 의지를 표현했어. 괜찮지 않아?"

"선녀야, 그 마음은 충분히 알겠어. 그런데 좀 지나친 느낌인걸."

"그, 그래? 어쩌지."

선녀가 실망한 듯한 표정을 지었다.

나는 좀 더 간단하면서도 예쁜 무늬로 그려 보라고 말하고 싶었지만 꾹 참았다. 세상에서 가장 쉬운 일이 말로만 하는 거다. 지금 제일 괴로운 건 선녀일 테니까.

"와리야, 이건 어때?"

"선녀야, 다른 무늬가 떠오른 거야?"

"'선녀 짝꿍 나무꾼과 아이들'이라는 아이디어는 결코 포기할 수 없지."

좀 전까지 실망했던 선녀의 모습은 찾아볼 수 없었다. 선녀는 크게 숨을 한 번 쉬고 마음을 가다듬은 뒤, 진지한 눈빛으로 그림을 그리기 시작했다. 나는 방금 그린 그림보다 복잡하고 강렬하면 어떡하나 걱정이 되었다.

"와리야, 규칙을 좀 더 단순하게 표현해 보는 거야."

"어떻게?"

"잠깐만, 기다려 봐."

선녀는 종이를 가져와 나에게 설명했다.

"베틀과 도끼가 반복되는 아이디어는 포기 못해."

"으…… 선녀는 고집쟁이."

"와리야, 이렇게 도끼와 베틀을 대신할 간단한 그림으로 이걸 그려

봤어."

"아, 도끼와 베틀의 규칙을 나뭇가지와 목화 무늬로 정리했구나."

"맞아. 그럼 이런 규칙적인 무늬가 생기겠지?"

영감이 떠올랐다는 듯 선녀는 종이 위에 아름다운 무늬를 쓱쓱 그렸다. 나뭇가지와 꽃이 규칙적이고 아름답게 어우러진 모습이었다.

"와, 나뭇가지와 목화가 반복되는 규칙일 뿐인데 너무 아름다워."

"그래? 그렇다면 이제 집중의 시간이군."

"너무 재밌다. 선녀야, 나 조금만 구경하다가 가면 안 돼?"

"안 돼. 지금부터 집중해야 해."

선녀는 옷감 무늬를 연구해야 한다며 나를 쫓아냈다. 조금 섭섭하기는 했지만 기분이 나쁘지는 않았다.

며칠 뒤, 선녀에게서 한 통의 편지가 왔다.

'오! 드디어 선녀가 멋진 옷감을 완성했구나!'

와리에게,

와리야, 잘 지냈지?
네 덕분에 우리 가족 모두 하늘나라 집으로 갈 수 있게 되었어.
아버지가 큰 잔치를 열어 준대. 너도 참석하면 좋겠어. 올 거지?

선녀가

나는 너무 기뻤다.

나는 선녀가 알려 준 곳으로 향했다.

"와!"

그곳에 도착한 나는 너무 놀라 입이 딱 벌어졌다.

옥황상제가 연 잔치는 정말 대단했다. 그곳에는 '나처럼 멋진' 초대 손님들이 많이 와 있었다.

하늘나라 신하 한 명이 갑자기 큰 소리로 말했다.

"옥황상제님 납시오!"

커다란 나팔 소리와 함께 저 멀리서 걸어오는 옥황상제의 모습이 보였다. 그 뒤로 선녀와 나무꾼 그리고 엄마 아빠의 손을 꼭 잡은 세 아이가 나오고 있었다.

옥황상제가 우렁차게 말했다.

"칠 년 만에 만난 내 딸 선녀와 내 사위 나무꾼을 맞이해 주시오."

그곳에 모인 사람들은 박수치며 환호했다.

옥황상제가 이어 말했다.

"그리고 여기 이 귀여운 생명체는 내 손주 녀석들이라오. 어떠하오? 나와 쏙 빼닮지 않았소? 허허허."

옥황상제는 활짝 웃었다. 그 모습이 너무 행복해 보였다.

"오늘 여러분께 자랑할 것이 있소. 이 옷 어떠하오?"
옥황상제가 기분 좋은 표정으로 사람들에게 물었다. 그러자 한 사람씩 칭찬하기 시작했다.

"멋지십니다."

"지금껏 본 옷 중 가장 훌륭해요."

"최고입니다."

나는 옥황상제의 옷감을 보자 흐뭇했다. 그리고 생각했다.

'맞다, 저 옷의 옷감은 바로……'

옥황상제는 웃으며 얘기했다.

"내 딸이 만든 옷감으로 지은 새 옷이오. 우리 선녀는 아마 훌륭한 옷감 장인이 되려나 봅니다. 하하하."

'선녀가 나를 보내면서까지 혼자 몰래 마무리한 무늬가 저거였구나! 너무 아름다운 옷감이야.'

옥황상제의 옷을 보며 감탄을 하는데, 옥황상제 곁에 서 있던 선녀와 눈이 마주쳤다. 선녀는 나를 향해 엄지척하며 윙크를 했다. 정말 뿌듯했다.

집으로 돌아오니 시우가 쿨쿨 자고 있었다. 난 시우와 가끔은 티격

태격하지만 평소에는 사이 좋게 지낸다. 오늘 선녀에게서 영감을 받은 난 시우에게 멋진 선물을 해 주기로 마음먹었다.

다음 날 아침, 시우가 큰 소리로 화를 냈다.

"아아악! 내 옷이 어떻게 된 거야?"

시우는 티셔츠에 그려진 그림을 보며 펄펄 뛰었다.

'시우 녀석, 왜 그러지? 아주 멋진 그림인데?'

어젯밤 난 시우가 가장 아끼는 하얀색 티셔츠에 사랑하는 내 마음을 담아 그림을 그렸다. 커다란 마음, 소소한 마음 모두를 상징하는 큰 하트와 작은 하트를 규칙적으로 그렸다. 정말정말 예쁜 무늬였다.

시우는 씩씩거리며 하트가 그려진 티셔츠를 입고 학교에 갔다. 엄마가 깜빡 잊고 세탁을 안 한 바람에 깨끗한 티셔츠는 그것뿐이었기 때문이다. 시우가 툴툴거려도 내심 기분이 좋을지도 모른다. 아니면

뭐, 어때? 시우를 향한 내 마음은 언제나 규칙적이고 변함없다는 걸 시우도 이미 알고 있다고.

규칙을 찾아라!

우리가 사는 세상은 많은 규칙으로 이루어져 있어요. 서로 편리하게 살기 위해 약속한 규칙도 있지만 우리가 살고 있는 자연에서도 규칙을 찾을 수 있어요. 함께 찾아볼까요?

먼저 아침이 오면 환한 낮이 기다리고 있고, 시간이 지나면 밤이 됩니다. 어제도 낮과 밤이 있었지요. 이렇게 매일 낮과 밤이 반복되는 규칙이 있답니다.

그렇다면 '여름' 다음에 오는 계절은 무엇일까요? 정답은 바로 '가을'이에요. 또 하나 찾은 규칙은 바로, '사계절'입니다. 우리나라는 봄, 여름, 가을, 겨울이 반복되는 규칙을 가졌어요.

농부 아저씨는 세상에서 가장 잘 웃는 사람이다. 동네 사람을 만날 때마다 웃는 얼굴로 인사한다. 특히 어린이나 나처럼 귀여운 강아지에게는 한없이 다정한 미소를 보낸다.

"아침에 저 농부 아저씨를 만나면 기분이 좋아."

"웃기도 잘하고, 남도 잘 돕고!"

동네 사람들은 모두 농부 아저씨를 좋아했다. 농부 아저씨가 늘 웃는 얼굴이어서만은 아니다. 이웃들을 돕는 일에도 열심이기 때문이다. 그런데 며칠 전부터 농부 아저씨의 얼굴이 어두웠다.

"아저씨, 안녕하세요?"

"그래, 와리구나. 이상한 학교에 잘 다녀오려무나."

분명 나를 보며 빙긋 웃었지만, 어딘가 불편한 모습이었다.

"아저씨, 무슨 일 있으세요? 표정이 어두워서요."

"그래? 음…… 내 이야기를 들어 줄 수 있겠니?"

사실 오늘 학교에 가기 싫었는데, 잘됐다. 농부 아저씨를 돕느라 학교에 못 간 것이라 하면 선생님도 이해해 주시겠지? 그렇다면 최선을 다해 농부 아저씨의 이야기를 들어 줘야겠다.

"얼마 전에 너무 더웠던 날 기억나니? 그날 우연히 이 빨간 부채와 파란 부채를 주웠어."

"더웠는데 딱이었겠네요."

"그런데 빨간 부채로 부채질을 했더니 코가 점점 길어지는 거야."

"네? 지금 멀쩡한데요?"

"웃기는 건 이 파란 부채로 부채질을 하면 다시 줄어들면서 원래대로 돌아와."

"뭐예요? 신기하고 재밌는 일 아니에요?"

"에엥, 와리는 생각보다 겁이 없구나. 나는 이 요상한 부채가 너무 무서웠는걸."

"그런데 이 무서운 부채를 왜 아직 들고 계신 거예요?"

"혹시라도 이 요상한 부채가 엄청난 일을 벌일까 봐 저 멀리 산속에 묻었어. 그런데 내 눈앞에 다시 나타난 거야."

농부 아저씨는 그날 이후로 더 멀리, 더 깊숙한 곳에 빨간 부채와 파란 부채를 버리고 왔지만 자꾸 되돌아왔다고 했다.

"어머나! 아저씨, 너무 무서워요!"

"그치? 그래서 너무 고민이야. 와리야, 내 이야기를 들어 줘서 고맙구나."

"아이, 별말씀을요. 그런데 앞으로 어떻게 하실 거예요?"

"그러게나 말이다."

"어, 그런데 부채에 매달려 있는 건 뭐예요?"

빨간 부채와 파란 부채 끝에는 엄지 손톱 크기의 네모난 상자 같은 것이 대롱대롱 달려 있었다.

"이건 뭐지?"

농부 아저씨가 빨간 부채의 상자를 열자 펑 하는 소리와 함께 책과 파란색 펜과 빨간색 펜이 튀어나왔다.

"어휴, 깜짝이야. 이게 뭐지? 빨간 부채, 파란 부채 사용 설명서?"

"아저씨, 이걸 보고 부채를 활용하면 되겠네요!"

농부 아저씨가 책을 펼쳤다.

"아저씨, 각 장마다 농작물의 이름이 적혀 있는데요?"

"그러게. 그런데 이 숫자들은 무엇일까?"

농부 아저씨와 나는 유심히 살펴보았다.

"제목이 '벼'이고, 그 아래 표에는 3, 2, 3, 2, 3, 2……."

"와리야, 표의 각 칸에 숫자가 규칙적으로 반복되고 있구나."

"아, 그리고 잘 보세요. 3이 있는 칸은 빨간 부채, 2가 있는 칸은 파란 부채가 그려져 있어요."

"그렇다면 혹시 이런 이야기가 아닐까?"

아저씨는 빨간 부채와 파란 부채를 들고 논으로 향했다. 그러고는 논에 펼쳐진 벼를 향해 빨간 부채를 세 번 부채질했다.

"우아, 벼가 커졌어요?"

"정말이네? 그렇다면……."

이번에는 농부 아저씨가 파란 부채를 두 번 부채질했다. 그러자 벼가 살짝 작아졌다. 책에 쓰인 숫자만큼 빨간 부채와 파란 부채를 번갈아 가며 부채질을 했다. 그랬더니 금세 벼가 쑥쑥 자랐다.

"아저씨, 벼들이 엄청 크고 윤기가 좌르르 흘러요."

"이 빨간 부채와 파란 부채가 요술 부채인가 보다!"

나와 아저씨는 신기해하며 다시 책을 펼쳤다. 그러고는 사과나무라고 적힌 쪽을 보았다.

"사과나무는 1, 3, 5, 7, 9, 11……."

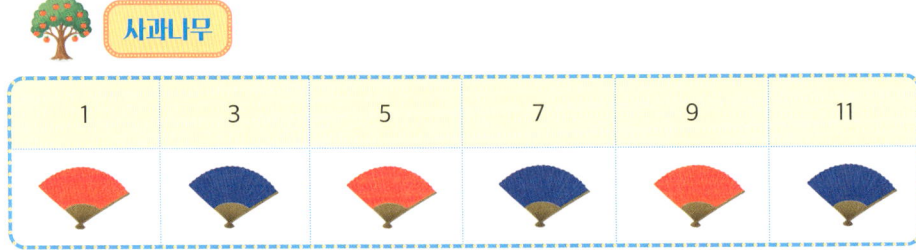

"이번에도 숫자의 색깔 순서는 빨간 부채, 파란 부채, 빨간 부채, 파란 부채네요. 앗, 그런데 11 뒤에 3칸이 지워졌어요."

"그러네. 와리야, 이건 규칙이 있지 않을까? 지워진 3칸 뒤에 뭐라고 써 있지?"

"19, 21, 23 이렇게요."

농부 아저씨가 내 얼굴과 지워진 3칸을 번갈아 힐끔거렸다.

				19	21	23
				🔵	🔴	🔵

"흠…… 영리한 강아지라고 들었는데, 아직 눈치채지 못한 모양이로구나."

"네? 잠시만요. 생각 좀 해 볼게요."

자존심이 조금 상했지만, 나는 규칙을 찾으려고 애썼다. 그러자 뭔지 알 것 같았다.

"아! 13, 15, 17이에요. 맞죠?"

"왜 그렇게 생각하지?"

"이번 규칙은 숫자가 1부터 2씩 커지고 있어요. 가운데 지워진 부분은 11에 2를 더한 13이고, 그다음은 13에 2를 더한 15, 또 그다음은

15에 2를 더한 17인 거죠! 맞죠?"

"그래. 와리가 규칙을 발견했구나!"

농부 아저씨가 내 머리를 쓰다듬어 주는 동안, 나는 신나서 빈칸에 숫자를 채우고, 부채 색깔을 표시했다. 그리고 좀 전과 마찬가지로 빨간 부채 1번, 파란 부채 3번, 빨간 부채 5번, 파란 부채 7번. 이렇게 사과나무에 부채질했다. 그러자 사과나무는 커졌다 작아졌다를 반복하더니, 저 멀리 있는 산을 가릴 정도로 커다랗게 변했다.

"와, 농부 인생 삼십 년 만에 이렇게 큰 사과나무는 처음이야."

"아저씨, 도대체 이 나무에 사과가 몇 개나 달린 걸까요? 수백 개는 될 것 같아요!"

"요상한 부채가 아니었어. 부자로 만들어 주는 부채였네! 하하하!"

농부 아저씨의 웃는 모습을 보자 나도 기분이 좋아졌다.

농부 아저씨는 누구보다 착하고 성실했지만 살림이 어렵다고 했다. 자기도 힘들면서 자기보다 어려운 사람 일에 앞장서서 나서더니 복을 받는 것 같다.

"앗! 이거 왜 이러지?"

"왜요?"

"내가 험하게 땅에 묻고 버리고를 반복해서 그런가? 사용 설명서가 지워진 부분이 많네."

"그러네요."

"아쉽지만 벼농사와 사과 농사를 잘하는 방법을 알게 되었으니, 그걸로 만족해."

"아니죠. 아저씨가 조금 전에 제게 이 규칙에 대해 스스로 깨닫게 했잖아요. 분명, 다른 농작물에도 규칙이 있을 거예요."

나는 농부 아저씨에게 빈칸을 채워 보자고 큰소리쳤다.

"이번엔 맛있는 포도를 키우는 방법 같구나."

"포도알이 많아서 그런가? 숫자도 제법 크네요. 하지만 겁먹지 않겠어요!"

이번 표는 31부터 시작해 50까지 적혀 있었다. 내가 평소에 다뤘던 숫자보다 컸지만 차분히 문제를 풀어 보았다.

"31칸은 빨간 부채이고, 32, 33칸은 파란 부채, 그리고 34칸은 다시 빨간 부채, 그다음 35, 36칸은 다시 파란 부채……."

31	32	33	34	35	36	37	38	39	40
빨	파	파	빨	파	파				
41	42	43	44	45	46	47	48	49	50
		빨							

"37칸부터 42칸이 지워져 있고. 43칸의 빨간 부채를 마지막으로 나머지 칸은 그림이 지워졌구나."

"아, 이거 아닐까요?"

나는 31칸부터 36칸의 부채 그림에서 규칙을 알아냈다. 나는 색이 지워진 빈칸에 부채 색깔을 부지런히 표시했다.

31	32	33	34	35	36	37	38	39	40
🔴	🔵	🔵	🔴	🔵	🔵	•	•	•	•
41	42	43	44	45	46	47	48	49	50
•	•	🔴	•	•	•	•	•	•	•

"첫 칸은 빨간 부채, 나머지 두 칸은 파란 부채, 다시 한 칸은 빨간 부채, 다음 두 칸은 파란 부채, 이렇게 반복되네요. 맞죠?"

"오! 정답인 것 같구나. 우리 한번 부채질을 해 볼까?"

나와 농부 아저씨는 포도밭으로 갔다. 나는 파란 부채를 들고, 농부 아저씨는 빨간 부채를 들었다. 그러고는 포도밭 사용 설명서대로 부채질을 했다.

"이번에는 부채질 횟수가 제법 많구나. 그만할까?"

"아뇨. 거의 다 했는걸요. 헥헥."

부채질을 다 끝내자, 내 눈앞에는 믿을 수 없는 광경이 펼쳐졌다.

"우아! 포도밭에 포도가 빽빽해!"

"심지어 포도송이마다 포도알이 꽤 많아요!"

태어나서 이렇게 큰 포도는 처음이었는데, 포도알도 엄청 컸다. 요술 부채는 정말 대단했다.

농부 아저씨와 나는 얼싸안고 기뻐했다.

"아저씨는 이제 부자가 되신 거예요!"

"나뿐 아니라 우리 마을 사람 모두 부자가 된 것이지!"

"네? 우리 모두요?"

농부 아저씨의 말에 나는 고개를 갸웃했다.

"자, 나머지 사용 설명서도 살펴볼까?"

나는 농부 아저씨와 함께 다시 책을 펼쳤다. 언뜻 보면 복잡해 보이지만 자세히 관찰하면 재미있는 규칙 놀이 같아 즐거웠다.

"이번에는 제가 싫어하지만 건강에 좋은 당근인데, 전부 색깔이 없네요."

"흠…… 그렇구나. 아저씨 농부 인생 몇 년이랬지?"

"삼십 년이요!"

"맞아. 앞에서 벼와 사과, 포도의 규칙을 살펴봤으니까 농사지을 때의 비법을 적용하면 될 것 같구나."

"오, 농부 아저씨 멋쟁이!"

"이 녀석, 꽤 즐기는구나. 하하하. 그렇다면 이 숫자 칸의 앞을 내가 메꿔 볼 테니, 뒷부분은 와리 네가 해 볼래?"

"네!"

당근 농사의 사용 설명서 표는 1부터 30까지의 숫자가 채워져 있었다. 그런데 모든 칸이 빈칸이었다.

농부 아저씨는 1, 2에는 빨간색을, 3, 4, 5에는 파란색을, 6, 7에는 빨간색을, 8, 9, 10에는 파란색을 표시했다.

"와리야, 더 해야 할까?"

"아뇨. 규칙을 찾았어요."

나는 찾아낸 규칙대로 나머지 칸을 표시했다.

🥕 당근

1	2	3	4	5	6	7	8	9	10
🔴	🔴	🔵	🔵	🔵	🔴	🔴	🔵	🔵	🔵
11	12	13	14	15	16	17	18	19	20
🔴	🔴	🔵	🔵	🔵	🔴	🔴	🔵	🔵	🔵
21	22	23	24	25	26	27	28	29	30
🔴	🔴	🔵	🔵	🔵	🔴	🔴	🔵	🔵	🔵

"역시 영리한 강아지로구나."

"우아! 아저씨, 얼른 이 사용법대로 당근도 키워요!"

농부 아저씨와 내가 완성한 사용 설명서대로 우리는 빨간 부채와 파란 부채로 정성껏 부채질했다.

나는 땅속에서 자라는 당근이 얼마나 컸을지 궁금했다.

"와리야, 우리 당근 하나 뽑아 볼까?"

"네!"

나와 농부 아저씨는 당근을 뽑으려고 했지만 잘 뽑히지 않았다. 둘이 힘을 모아 뽑자 엄청나게 큰 당근이 땅 위로 쑤욱 올라왔다.

"아저씨, 부자 농부가 되신 걸 축하드려요!"

"이건 우리 모두의 축복이야. 나는 '빨간 부채 파란 부채 설명서'를 마을 사람들과 함께 볼 거야."

"네? 왜요! 아저씨가 착하게 사셔서 복 받으신 건데, 왜 아무것도 안 한 사람들에게 나눠 줘요?"

"혼자만 부자면 재미없지."

나는 이웃을 생각하는 아저씨의 마음을 잘 알지만 왠지 아까운 생각이 들었다. 아저씨와 나는 부채 사용법을 알아내느라 구슬땀을 흘렸으니까.

나는 집에 돌아와서 '나눔이란 무엇일까?' 하고 곰곰이 생각했다. 골똘히 생각에 잠겨 있는데, 시우가 내게 달려왔다.

"와리야, 네가 좋아하는 달걀 노른자. 얼른 먹어!"

"정말?"

시우가 건넨 달걀 노른자를 한입에 먹었다.

"으이구! 그렇게 맛있어? 와리가 좋으면 나도 행복해. 잘 자라!"

자기 방으로 들어가는 시우의 뒷모습을 보며 생각했다.

'그래. 착한 농부 아저씨가 행복하면 나도 행복해.'

숫자 배열 속 규칙

규칙이라는 말은 딱딱하고 재미없지만, 참으로 유익하답니다. 그중에서도 숫자와 관련된 규칙들이 많은데, 어렵지 않아요. 간단한 문제로 알아볼까요?

2024년에는 프랑스 파리에서 올림픽이 열렸습니다. 올림픽은 4년마다 한 번씩 열려요. 그러면 2024년으로부터 다섯 번째에 열리는 올림픽은 몇 년도에 열릴까요?

단서① 처음 기준은 2024년!
단서② 올림픽은 4년마다 열린다는 사실.

그렇다면,
기준 2024년
1번째 → 2024년 + 4년 = 2028년
2번째 → 2028년 + 4년 = 2032년
3번째 → 2032년 + 4년 = 2036년
4번째 → 2036년 + 4년 = 2040년
5번째 → 2040년 + 4년 = ☐

정답 2044년

지난 몇 달간 우리 마을에는 엄청난 일이 있었다. 심청이가 앞 못 보는 아버지의 눈을 뜨게 하려고 인당수에 몸을 던졌다. 그런 심청의 마음에 감동한 용왕이 상을 내려, 심청이가 부자가 되어 돌아온 것이다. 그것도 심청이를 닮은 아주 아름다운 연꽃 배를 타고 말이다.

그리고 더 놀라운 일이 벌어졌다.

"내 딸이 이렇게나 예쁜 아이였구나!"

심청이를 다시 만난 아버지가 반갑고 놀라워 눈을 떴고, 심청이가 열었던 '장님 잔치'에 모였던 많은 장님도 눈을 번쩍 떴다는 거다. 정말 믿기 어려운 일이지만 모두 사실이다. 그날 이후 심청이는 아버지와 함께 행복하게 지냈다.

어느 날 마을 게시판에 안내문이 걸렸다.

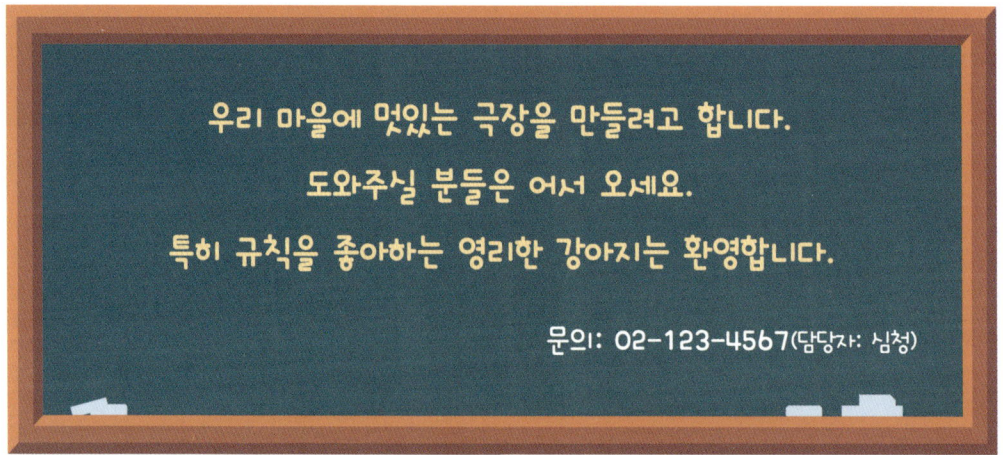

우리 마을에 멋있는 극장을 만들려고 합니다.
도와주실 분들은 어서 오세요.
특히 규칙을 좋아하는 영리한 강아지는 환영합니다.

문의: 02-123-4567(담당자: 심청)

아니, 이런 일에 나 와리 말고 또 누가 있겠어? 그런데 자세히 보니 이 안내문을 붙인 사람은 바로 심청이었다.

"심청이는 정말 큰 부자가 된 모양이야. 마을 극장이라니."

"공짜로 영화도 보고 공연도 볼 수 있게 된대."

안내문을 보는 사람마다 심청이를 칭찬했다. 심청이는 아버지에 대한 효심이 지극했을 뿐만 아니라 동네 사람들까지 생각하는 착한 마음씨를 지닌 것이 분명하다. 이날부터 심청이에게는 '국민 여동생', '우리 마을 착한 딸' 등 기분 좋은 별명들이 생겨났다.

나는 곧바로 심청이가 극장을 세우려는 곳으로 갔다.

"와리야, 기다리고 있었어. 네가 우리 마을에서 가장 영리하고 용감하다던데."

"아이, 쑥스럽게. 하하하."

"나는 멋진 극장을 만들 거야. 이 극장에서는 누구나 영화를 볼 수 있고, 원하면 누구나 멋진 공연을 할 수 있도록 하고 싶어."

"정말?"

"응. 극장 이름은 '연꽃극장'으로 하려고 해. 아버지와 다시 만날 수 있도록 이곳까지 타고 온 연꽃 배를 기억하기 위해서 말이야. 어때?"

"훌륭해. 어쩜 그리 훌륭한 생각을 한 거야?"

"아버지가 그동안 보지 못한 영화나 공연을 보여 주고 싶었는데, 마을 주민 모두가 함께 보면 더 좋잖아."

"그건 그렇지. 덕분에 나도!"

"와리야, 사실 내가 극장이라는 곳에 가 본 적이 없어."

"그럼 나와 함께 가 보자!"

나는 심청이와 함께 옆 마을 극장에 갔다. 크고 웅장한 옆 마을 극장은 어른들 말로는 무척 잘 지었다고 했다.

"와리야, 역사와 전통을 자랑하는 곳은 역시 다르구나."

"맞아. 뭔가 고유의 무늬를 가지고 있는 것 같아."

"이런 멋진 극장을 만들려면 아무래도 유명한 건축가가 필요하려나."

심청이는 극장을 바라보며 뭔가 생각에 잠긴 것 같았다. 건물의 정면을 한참 살펴본 우리 둘은 극장 안으로 들어갔다.

나는 날카로운 눈으로 주변을 살피기 시작했다.

'이 극장이 멋있어 보이는 이유는 무엇일까?'

그때, 창문으로 햇살이 들어오면서 눈이 부셨다. 손차양을 만들어 잠시 햇빛을 가리니, 창살의 무늬가 드러났다.

'오홋, 이 무늬는?'

갑자기 좋은 생각이 떠올랐다.

"심청아, 규칙이야, 규칙!"

"응? 규칙이라니?"

"저기 커다란 창문의 멋있는 무늬를 봐. 그 밑에 바닥도."

"우아, 멋진 무늬네. 창살의 무늬도, 햇살을 받아 바닥에 비친 무늬도 정말 멋져!"

"극장을 상징하는 무늬를 규칙적으로 만들어 보면 어떨까?"

"선녀가 만든 옥황상제님의 옷감처럼?"

"맞아!"

"아! 좋은 생각이 떠올랐어. 우리 극장은 연꽃극장이잖니?"

"그래서?"

심청이는 가방에서 노트를 꺼내 그림을 그렸다.

"아, 연꽃 모양이네!"

"맞아. 이 극장은 용왕님이 연꽃 배에 실어 준 금은보화로 만들 거니까."

"아주 좋은 생각이야. 그러면 내가 이 연꽃 모양으로 한번 그려 볼게."

"와리야, 할 수 있겠니?"

"그럼. 규칙의 원리를 활용하면 되는걸."

나는 심청이 그린 그림을 유심히 살펴보았다. 그리고 곡선으로 연꽃과 비슷하게 그렸다.

"오, 곡선의 연결로 연꽃 무늬가 되는구나."

"맞아. 이걸 규칙에 맞게 그리면……."

나는 육각형 모양의 틀 안에 연꽃이 그려진 무늬를 반복해서 그렸다. 연꽃들이 서로 손을 맞잡고 있는 느낌이 들었다. 나는 속으로 생각했다.

'심청아, 다시는 아버지의 손을 놓으면 안 돼!'

나는 심청이에게 내가 그린 그림이 어떤지 물었다.

"어때?"

"와! 멋진 성의 창문 같아. 연꽃극장이라는 이름에도 딱 어울려. 이걸로 결정할래!"

우리는 연꽃극장을 대표하는 연꽃 무늬로 창문과 커튼은 물론, 극장 곳곳을 장식하기로 결정했다.

"심청아, 이번에는 극장 안을 살펴보자."

"극장에는 역시 많은 사람이 들어갈 수 있도록 하는 게 좋겠지?"

심청이와 나는 공연을 볼 수 있는 극장 안으로 들어갔다. 사실 나는 이상한 학교를 다니면서 극장에는 딱 한 번 가 봤다. 그래서 극장 안이 조금 낯설었다.

"의자 앞뒤에 써 있는 저 글자와 숫자는 뭐지?"

"사실 나도 잘 모르겠어."

심청이는 한참을 보더니 무엇인가 생각났다는 듯 말했다.

"와리야, 이건 내 추측인데……."

"뭔데?"

"여러 사람이 모이는 곳에서 가장 중요한 것은 뭘까?"

"질서? 아니면 안전?"

"둘 다. 질서가 있어야 안전도 있는 법이지. 봐 봐. 극장 안에 많은 의자가 있지?"

"응."

"이 의자들에는 네가 좋아하는 규칙들이 있어."

"어떤 규칙?"

"왼쪽에서 오른쪽(혹은 오른쪽에서 왼쪽으로)으로 길게 누운 듯한 모양의 방향을 '가로'라고 하는데, 이 단어를 알고 있니?"

"당연하지. 나, 이상한 학교 우등생이라고! 위에서 아래(혹은 아래에서 위로) 뻗은 모양의 방향을 '세로'라고 하잖아."

"맞아. 저 의자들을 잘 보면, 의자 뒤에 글자와 숫자에서 어떤 규칙을 찾을 수 있어."

심청이의 말에 나는 의자 뒤의 글자와 숫자의 규칙을 발견하려고 애썼다. 그랬더니 의자 번호에서 어떤 규칙이 눈에 띄었다.

"'가나다라' 하는 글자 뒤에 숫자들이 순서대로 있어."

"그리고?"

*극장 의자는 무대를 바라보는 기준으로, 왼쪽에서부터 번호가 시작된다.

"글자는 각 줄마다 '가'부터 시작해서 '하'로 끝나고, 숫자는 1부터 15까지 나열되어 있는데 각 줄마다 반복이네."

"혹시 왜 그런 걸까?"

"글쎄. 왜 글자랑 숫자랑 복잡하게 했을까?"

"와리야, 내 생각엔 규칙을 이해하면 복잡하지 않을 것 같아. 가로에는 같은 글자가 반복되고 있는 것 보여?"

"어. 그리고 보니, 세로에는 같은 숫자가 반복되고 있어."

"맞아, 각 의자 가로에는 같은 글자가, 세로에는 같은 숫자가 규칙적으로 있지."

"응. 그 규칙으로 글자와 숫자를 채우니, 의자마다 이름이 달라져. 저기는 가 1, 여기는 마 7, 또 여기는 차 10. 아, 너무 복잡해. 순서대로 1번 2번 이렇게 300번, 400번까지 숫자만 커지게 만들게 되는 되는 것 아냐?"

"자, 봐 봐. 나 5번 의자의 위치는 두 번째 줄, 왼쪽으로부터 다섯 번째 자리야. 그럼 다 11번 의자는?"

"세 번째 줄, 왼쪽에서 열한 번째 자리이지. 아! 이렇게 찾으니 훨씬 쉽다!"

"그렇지? 어두운 극장에서는 쉽게 찾을 수 있는 방법인 것 같아."

"심청아, 규칙만 알면 정말 쉽구나."

마지막으로 우리가 찾은 곳은 극장 밖이었다. 심청이는 극장 입구에 멋진 담을 만들고 싶어 했다. 마침 근처에서 담 공사를 하고 있었다.

"오, 담벼락 윗부분이 멋진 성 같아."

"그렇지? 저 벽돌은 어떻게 쌓은 걸까?"

극장 좌석의 규칙에 대해 심청이가 알려 줬으니, 이 담장 규칙만큼은 내가 심청이에게 알려 주고 싶었다.

"심청아, 내가 여기 이 벽돌로 설명해 볼게."

"좋아!"

"이 멋진 모양은 벽돌을 규칙적으로 쌓아 만든 모양이야. 처음에는 네 개를 쌓아 올리고, 그다음에는 세 개, 다시 네 개, 다시 세 개…… 이런 식으로 말이지."

"그렇구나. 와리야, 이번에는 내가 벽돌을 쌓아 볼 테니, 규칙을 찾아내 봐!"

심청이는 신이 나서 벽돌을 쌓기 시작했다. 아마도 나처럼 규칙 놀이에 푹 빠진 모양이다.

"벽돌을 1개, 3개, 6개, 10개로 만들었어."

"음. 그건 규칙이 아니야. 그냥 벽돌의 개수지."

"잠시만. 아! 1-3-6-10, 벽돌이 각각 2개, 3개, 4개씩 늘어나고 있네!"

"딩동댕! 역시 와리는 규칙 박사네! 하하. 그럼 우리 극장을 멋지게 만들어 볼까?"

심청이의 말에 나는 활짝 웃었다.

몇 달 뒤, 심청이는 멋진 극장을 만들었다. 극장의 이름은 모두 알다시피 연꽃극장이다. 연꽃극장에는 첫날부터 수많은 사람이 몰려들

었다.

"모두 줄 서세요, 줄! 다 들어갈 수 있으니, 순서대로 좌석 안내표를 받으시고요."

어디에선가 익숙한 목소리가 들렸다. 가까이 갔더니 심청이 아버지였다.

"아버지, 추운데 들어가 계시라니까요."

"사람이 이렇게 많은데 어떻게 안에서 가만히 기다리니? 다 들여보내고 함께 영화를 보자꾸나."

심청이 아버지는 웃는 얼굴로 사람들을 반갑게 맞이했다.

"심청이 아버지 정말 다른 사람이 되었네."

"그러게. 예전에는 심청이 없이는 아무것도 못 하던 사람인데 말이야."

"눈을 뜨니 저렇게나 인물이 좋은 양반이었구만. 예쁜 심청이가 아무래도 제 아비를 닮았네."

동네 사람들의 이야기를 들으니 마음이 따뜻해졌다. 이때, 심청이가 나를 불렀다.

"규칙 박사 와리 왔네."

"박사는 무슨. 연꽃극장 개장을 축하해! 그럼 이 몸은 영화를 즐기

러 들어가겠습니다요~."

"잠시만! 규칙 박사를 쉽게 들여보낼 수 없지?"

"에? 왜!"

"문제 하나를 낼 테니까 맞히면 우리 극장의 마스코트가 되는 거고, 틀리면."

"틀리면?"

"뭐 그냥 평범한 강아지 와리인 거지."

"문제 내. 얼른!"

"자, 오늘은 5월 12일 월요일입니다. 그러면, 다다음 주 월요일은 몇일일까요?"

아차차, 방심했다. 심청이 이 녀석, 나보다 규칙에 대해 더 흥미를 느끼더니 공부를 아주 많이 한 것 같다. 마지막까지 규칙 퀴즈를 맞히라니! 하지만 평범한 강아지는 싫다고!

어디 보자. 일주일은 7일.

그러면 다음주는 12일 + 7일 = 5월 19일.

다다음 주 19일 + 7일 = 5월 26일.

"정답! 5월 26일. 맞지?"

일	월	화	수	목	금	토
				1	2	3
4	5	6	7	8	9	10
11	12	13	14	15	16	17
18	19	20	21	22	23	24
25	26	27	28	29	30	31

"역시. 여러분! 여기 이 규칙 박사 와리가 이 극장을 만드는 데 일등 공신이랍니다. 우리 극장 마스코트예요!"

"와~ 대단하다."

"축하해, 와리야!"

나는 많은 사람의 박수를 받으니 기분이 좋았다. 그저 곰곰이 생각하고 규칙의 비밀을 알아냈을 뿐인데 말이다. 이번 일을 계기로 우리 주변의 규칙을 더 찾아볼까?

집에 돌아오니 시우가 들뜬 얼굴로 나를 반겼다.

"와리야, 어디 갔었어? 이거 봐라. 내가 엄청난 사실을 알아냈어."

"응? 뭔데?"

"오늘이 5월 12일 월요일이지? 그럼 지난주 월요일은 몇 월 며칠이게? 난 달력 없이도 알고 있지롱. 와리 넌 모르지? 하하하."

"아……. 대, 대단한 걸. 하하하."

이제야 시우도 일주일은 7일이라는 걸 알게 된 것 같다.

시우는 알까? 규칙은 온 세상 어디에나 있다는 것을. 그리고 내가 규칙 박사, 영리한 강아지라는 사실을 말이다.

✅ 달력 속 규칙을 찾아라!

동화 속에서 만난 규칙들, 재미있었나요? 그럼 친구와 함께 규칙 놀이를 해 보세요. 1일이 금요일로 시작하는 11월의 달력을 만들어 보아요.

일	월	화	수	목	금	토
					1	

★ 일주일은 ① ☐ 일입니다.

★ 일요일 날짜입니다. 빈칸에 알맞은 숫자를 넣고 규칙을 설명해 보세요.

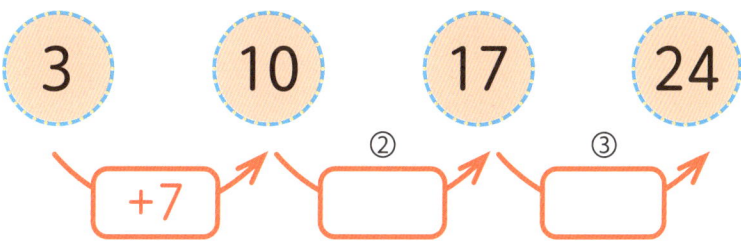

④ 규칙: ☐

정답 ① 7, ② 7, ③ 7, ④ 숫자가 7씩 커집니다.

● 책 속 부록 ●

개념이 속속 들어오는
엄마표 수학놀이

▶ 유튜브 '수랄라TV'에서 쉽고 재미있는 수학 콘텐츠를 제작하고 있는 엄마, 수랄라쌤이 추천하는 수학놀이로 개념과 원리를 꼭꼭 다져 주세요!

모델 곽준서

- **수학놀이 1** 나는야, 규칙 발견 탐정
- **수학놀이 2** 나만의 멋진 팽이 만들기
- **수학놀이 3** 연필꽂이 만들기
- **수학놀이 4** 두근두근, 다음 수를 맞혀 봐!
- **수학놀이 5** 숨겨진 날짜를 알아내라!

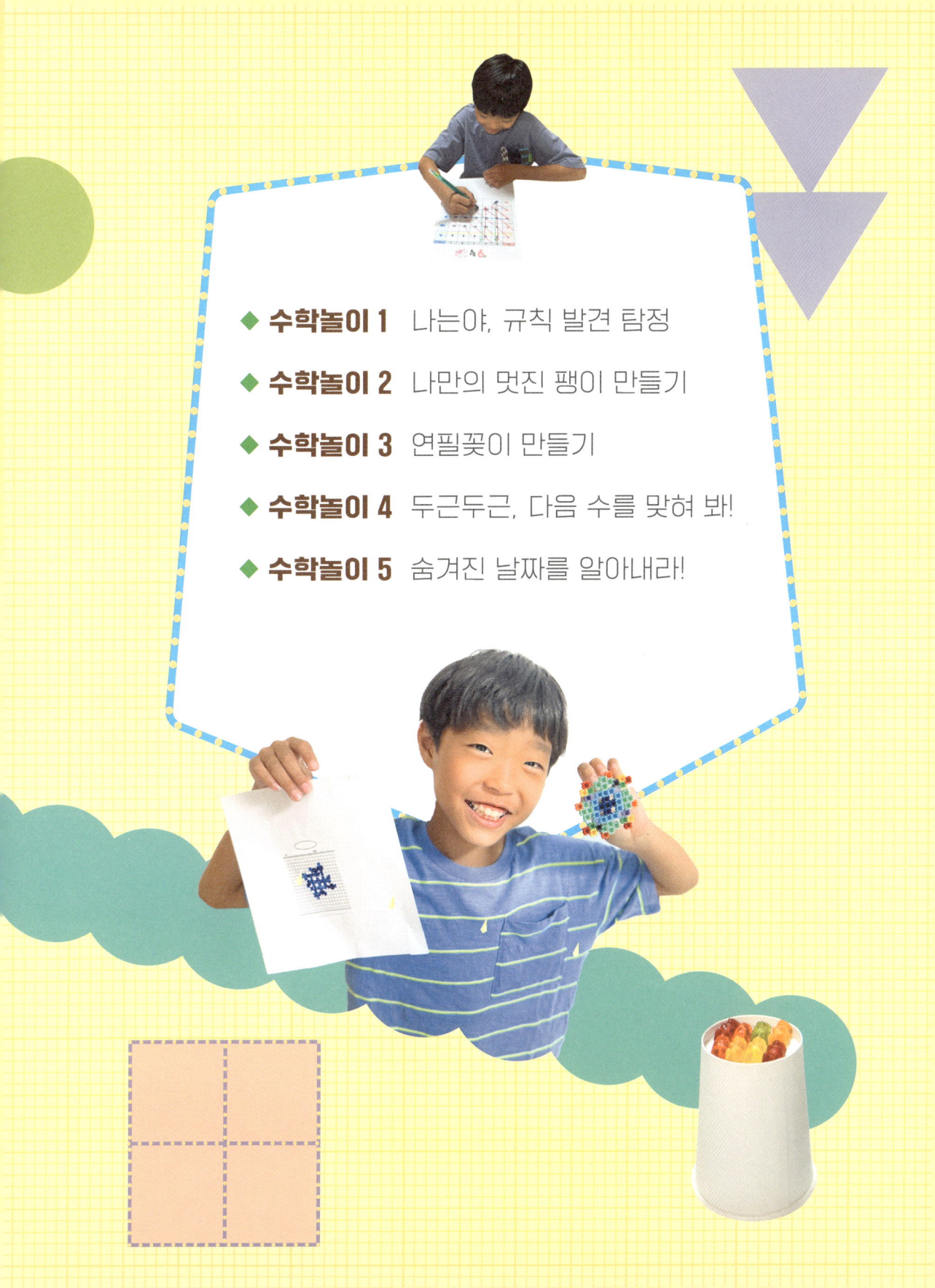

001 나는야, 규칙 발견 탐정

★ **준비물** 패턴(일정한 형태나 양식)이 있는 물건

★ **놀이 목표** 규칙성 찾기

★ **놀이 효과** 수학에서 규칙성은 매우 중요합니다. 여러 사물 속에서 공통점과 차이점을 찾을 수 있거든요. 집 안의 물건에서 규칙을 발견하는 것을 시작으로 집 밖에서도 규칙을 찾고 함께 이야기를 나눠 보세요. 분명 아이는 일상생활에서 쉽게 접할 수 있는 물건에서 다양한 무늬가 있다는 사실을 발견하고, 그 규칙을 이해하는 과정에서 수학의 재미를 느낄 수 있습니다.

놀이 방법

❶ 집 안에 있는 물건 중 규칙이 있는 물건을 미리 준비해 주세요. 아이와 함께 물건에 어떤 규칙이 있는지 이야기를 나눠 보세요.

❷ 아이가 규칙을 발견하면 칭찬해 주세요. 그런 다음 패턴이란 일정한 규칙에 따라 반복되거나 변화하는 형태라는 것을 설명해 주세요.

- **아이:** 이 포장지는 꽃 무늬가 똑같이 반복돼요!
- **엄마:** 정말 잘 찾았어! 이렇게 일정한 규칙에 따라 색깔과 모양이 반복되는 걸 바로 패턴이라고 해.

❸ 제한 시간 5분 안에 집 안에서 규칙이 있는 물건을 찾아오기 게임을 해요. 이때 많은 물건을 찾아오는 사람이 승자입니다.

- **엄마:** 지금부터 집 안에서 패턴이 있는 물건을 찾아오는 거야. 제한 시간은 5분이야!
- **아이:** 네.
- **엄마:** 준비~ 시작!
- **아이:** 와! 생각보다 패턴이 있는 물건이 많아요!

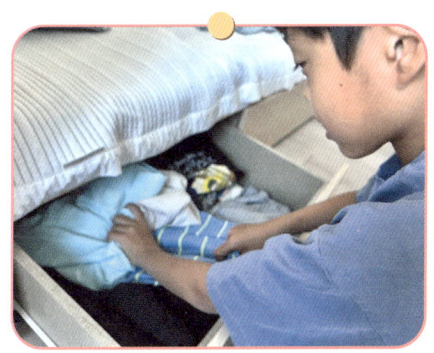

놀이 Tip

단 아이가 시간제한에 스트레스를 받는다면 시간제한 없이 놀이를 진행해 주세요. 수학놀이는 항상 아이의 성향에 맞게 진행해 주세요.

❹ 게임 후에는 아이가 찾아온 물건을 두고, 어떤 규칙이 있는지 설명하게 합니다.

- **엄마:** 이 라이언 인형에서 어떤 규칙을 발견했어?
- **아이:** 라이언 모자랑 옷에 빨간 줄무늬와 흰 줄무늬가 번갈아 가며 반복돼요.

> **연관 놀이**

패턴에 대해 충분히 이해했다면 가족에게 어울리는 무늬를 생각해 보는 놀이도 해 보세요.

준비물: 전지(또는 스케치북), 색연필

❶ 아이와 함께 가족에게 어울리는 무늬를 생각해 보세요.

❷ 생각한 무늬를 전지에 그려 보세요.

❸ 아이가 만들어 준 무늬 옷을 입고, 아이와 이야기를 나눠 보세요.

002 나만의 멋진 팽이 만들기

★ **준비물** 디폼블록, 모눈종이, 사인펜

★ **놀이 목표** 창의적인 무늬 구상하기

★ **놀이 효과** 디폼블록을 이용한 만들기는 공간 지각 능력과 집중력을 향상시키는 데 도움이 됩니다. 디폼블록은 집 안의 물건에서 규칙을 발견하는 것처럼, 다양한 모양과 색상을 이용해 규칙적인 무늬를 만들 수 있지요. 나만의 창의적인 팽이를 완성하면서 아이들은 성취감을 느끼고, 창의력과 표현력도 발달시킬 수 있습니다.

놀이 방법

① 여러 가지 색상의 디폼블록을 준비해 주세요. 색상이 많을수록 다양한 무늬의 팽이를 만들 수 있습니다.

② 아이에게 모눈종이를 주고, 자신이 만들고 싶은 팽이 무늬의 색을 생각하게 하세요.

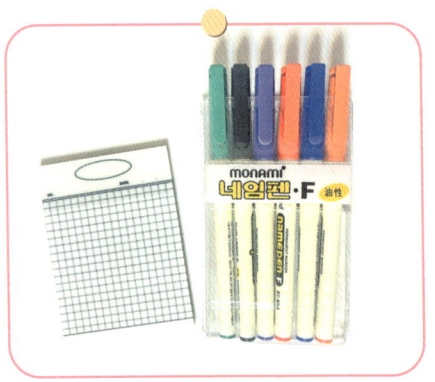

③ 무늬의 색깔을 결정했다면 모눈종이에 색칠해 보게 하세요.

- **엄마:** 몇 가지 색을 사용해서 반복되는 무늬를 만들고 싶어?
- **아이:** 음……. 제가 좋아하는 파랑, 빨강, 초록! 이렇게 세 가지 색으로 만들어 볼래요.
- **엄마:** 좋아, 그럼 어떤 규칙적인 무늬를 만들어 볼지 미리 생각해 볼까? 떠오르는 생각을 그림으로 그려 봐도 좋아.

❹ 모눈종이에 그렸던 팽이의 무늬를 실제로 만들어 보세요.

- **엄마:** 이제 네 생각을 디폼블록으로 만들어 볼까?
- **아이:** 네!

❺ 완성된 팽이를 돌려 보세요. 이때 팽이가 어떻게 보이는지 관찰해 보세요.

- **아이:** 완성했어요! 빨리 돌려 볼래요!
- **엄마:** 그래, 얼른 돌려 보자.
- **아이:** 엄마! 색이 합쳐져서 보여요! 오, 동그라미처럼 보여요.
- **엄마:** 색이 합쳐져 보이지? 그건 팽이가 회전하면서 색상이 빠르게 변할 때 우리의 눈이 하나의 색상으로 인식하기 때문이야.

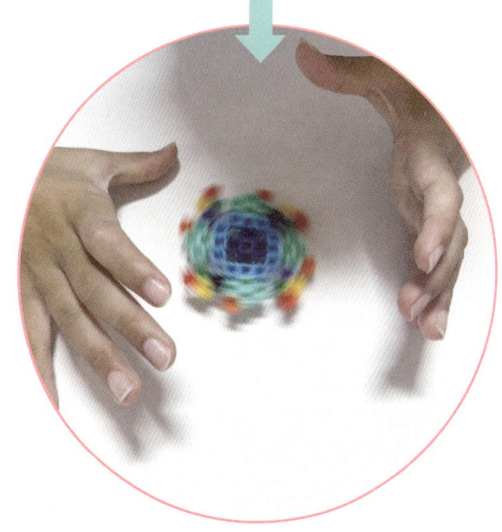

003 연필꽂이 만들기

★ **준비물** 원형 통(연필꽂이 제작용), 색종이, 풀, 가위, 도화지

★ **놀이 목표** 테셀레이션의 개념 이해하기

★ **놀이 효과** 테셀레이션의 개념을 이해하면, 실생활에서 반복성과 규칙성을 가진 다양한 형태의 무늬를 찾고 예측하는 능력을 기를 수 있습니다. 이 활동을 통해 아이들은 수학적 개념을 자연스럽게 이해하고, 창의적인 사고력을 키울 수 있습니다. 또한, 내가 디자인한 무늬를 보면서 수학의 아름다움을 경험하는 좋은 기회가 될 것입니다.

놀이 방법

❶ 아이와 테셀레이션에 대해 이야기를 나눠 주세요.

- **엄마:** 환경을 보호하기 위해 재활용품을 활용한 업사이클링 작품을 만들 거야. 테셀레이션을 이용해서 멋진 무늬를 만든 뒤, 연필꽂이를 만들어 보자.
- **아이:** 테, 테셀레이션? 그게 뭐예요?
- **엄마:** 테셀레이션은 같은 모양의 도형을 반복해서 붙이는 거야. 도형들이 서로 겹치지 않고 빈틈없이 채워지도록 하는 거지.

❸ 정사각형을 활용한 테셀레이션 무늬를 만들어 보세요.

테셀레이션 무늬 만들기 TIP

① 색종이를 두 번 접어 작은 정사각형 4조각을 만든 후, 가위로 오립니다.
② 정사각형 조각을 접고, 접은 자국을 따라 삼각형 또는 사각형 모양으로 만들어 가위로 오립니다.
③ 오린 색종이 조각을 이용하여 다양한 무늬를 만들어 봅니다.

❷ 집 안에서 찾아볼 수 있는 테셀레이션(벽지, 거실 바닥, 화장실 타일 등)을 찾아 이야기를 나눠 보세요.

- **엄마:** 우리 집 거실 바닥 무늬를 한번 봐 봐. 무슨 모양이 반복되고 있니?
- **아이:** 길쭉한 네모 모양이 계속 반복돼요!
- **엄마:** 맞아! 우리 집 거실 바닥은 길쭉한 네모 모양을 엇갈리게 배열해서 빈틈없이 채워졌지. 이게 바로 테셀레이션이란다.

④ 색종이나 알맞은 크기로 자른 얇은 도화지 위에 구상해 둔 조각들을 빈틈없이 풀로 붙여 나만의 테셀레이션을 완성합니다.

- **엄마:** 어떤 무늬를 만들어 볼까?
- **아이:** 새가 날아가는 모습을 만들어 보고 싶어요.
- **엄마:** 그럼 새가 날아가는 모습을 어떻게 자르면 될까? 한번 선을 그어 볼까?

⑤ 아이가 만든 테셀레이션 무늬를 설명하는 기회를 가질 수 있도록 이야기를 나눠 주세요.

- **엄마:** 우아! 정말 특별한 연필꽂이를 완성했네! 너무 잘했어!
- **아이:** 제가 직접 만든 연필꽂이라서 정말정말 뿌듯해요.
- **엄마:** 이 무늬를 만들면서 재미있었던 부분은 뭐였어?
- **아이:** 사각형을 잘라서 새로운 무늬를 만들어 보는 거요!

생각해 보는 수학 Tip

한 가지 모양의 정다각형으로만 평면을 채우는 테셀레이션 활동을 한다면 아래 그림과 같이 세 가지 도형으로만 가능하답니다. 평면을 겹치지 않고 빈틈없이 채우기 위해서는 한 곳에서 만나는 내각의 크기의 합이 360도가 되어야 하기 때문이랍니다.

두근두근, 다음 수를 맞혀 봐!

★ **준비물** 종이컵, 젤리(또는 바둑알), 포스트잇, 스케치북, 펜

★ **놀이 목표** 수 배열에서 규칙 찾기

★ **놀이 효과** 수학에서 비판적 사고는 매우 중요합니다. 아이가 직접 문제를 출제하면, 문제를 검토하고 해결 방법을 생각하는 과정에서 비판적 사고 능력을 키울 수 있습니다. 이 과정에서 간식을 수학 도구로 활용하면 아이의 흥미를 유발할 수 있습니다. 이를 통해 수학에 대한 거부감이 줄어드는 것은 물론 즐겁게 수의 규칙을 찾아보며 자기주도적 학습을 할 수 있을 것입니다.

놀이 방법

① 엄마와 아이가 번갈아 가며 다음 수를 예측하고, 스스로 문제를 만들어 보는 활동이에요. 원활한 게임 진행을 위해서는 규칙이 있는 수 배열을 잘 이해해야겠지요? 따라서, 게임을 시작하기 전에 규칙에 따라 반복되거나 일정하게 증가하거나 감소하는 수 배열에 대해 아이와 함께 이야기를 나눠 주세요.

- **엄마:** 3, 4, 5, 6, 7 다음 수는 뭘까?
- **아이:** 에이, 뭐예요. 너무 쉽잖아요. 8!
- **엄마:** 이 수들은 어떤 규칙이 있을까?
- **아이:** 1, 2, 3, 4, 5, 6, 7, 8…… 아니에요?
- **엄마:** 나열된 수들의 규칙에 대해 답할 때는 '1씩 커지는 규칙이 있어요.'라고 말한단다.

② 참가자가 다음 수 예측에 성공했을 때 주어지는 소원 카드를 만들어 보세요. 엄마도 참가자로서 성공했을 때 사용할 소원 카드를 써 주세요.

③ 종이컵 5개를 일렬로 놓고, 순서대로 종이컵 위에 젤리 2개, 4개, 6개, 8개를 올려 주세요. 마지막 종이컵에는 젤리 10개를 안쪽에 넣어 두고, 종이컵 위에는 아무것도 올려놓지 않습니다. 아이와 대화를 통해 마지막 종이컵에 몇 개의 젤리가 있는지 확인해 보세요.

- **엄마:** 마지막 종이컵에는 몇 개의 젤리가 있을까?
- **아이:** 10개요!

④ 아이가 스스로 수의 규칙을 생각하여 연습장에 문제를 냅니다. 이때 아이는 스케치북에 수의 규칙을 만들고, 참가자가 예측해야 하는 수를 포스트잇으로 가립니다.

⑤ 참가자가 정답을 외치며 포스트잇을 뜯어 확인합니다. 참가자가 정답을 맞히면 참가자의 소원 카드를 사용할 수 있습니다. 만약 참가자가 정답을 맞히지 못하면 아이가 소원 카드를 사용할 수 있습니다.

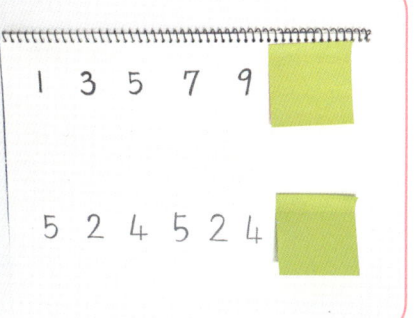

간식도 먹고!
수 배열 규칙도
찾고!

생각해 보는 수학 Tip

이 책의 「농부 아저씨는 부채로 부자가 되었대」에서 와리와 농부 아저씨는 부채를 이용해 농작물을 키웠어요. 이야기 속 수의 배열을 활용하여 이야기를 나눠 보는 것도 방법이에요.

예) 3, 2, 3, 2, 3, 2, 3, □ / 1, 3, 5, 7, 9, 11, □

005 숨겨진 날짜를 알아내라!

★ **준비물** 달력, 색연필(또는 형광펜), 과자

★ **놀이 목표** 수 배열에서 규칙 찾기

★ **놀이 효과** 달력은 실생활에서 항상 접하기 때문에 아이들이 더 쉽게 관심을 가질 수 있습니다. 월, 화, 수, 목, 금, 토, 일이 반복되는 주간 개념을 자연스럽게 익히고 달력의 대각선, 가로, 세로 등에서 발견할 수 있는 수 배열 규칙을 발견하면서 수학적 사고력을 향상시킬 수 있습니다.

놀이 방법

1 아이 생일이 있는 달의 달력을 준비해 주세요.

준비물 Tip

과자 대신 바둑알, 장기 말, 마스킹테이프 등으로 날짜를 가려서 진행할 수도 있습니다.

2 아이와 함께 달력에서 아이의 생일을 찾아 형광펜으로 표시해 보세요. 그다음, 생일이 무슨 요일인지 확인하고 같은 요일은 7일마다 규칙적으로 반복된다는 것도 함께 확인하세요.

- **엄마:** 우리, 네 생일을 달력에서 찾아볼까?
- **아이:** 네! 9월 3일! 여기 있어요!
- **엄마:** 오! 잘 찾는걸!

3 아이의 생일을 기준으로 가로 방향, 세로 방향, 대각선 방향으로 한 칸씩 이동하면서 어떤 규칙이 있는지 함께 알아보세요.

- **엄마:** 오른쪽으로 한 칸씩 이동할 때, 어떤 수의 규칙이 있을까?
- **아이:** 1씩 커져요.
- **엄마:** 그럼 반대로 왼쪽으로 한 칸씩 이동하면?
- **아이:** 1씩 작아져요!
- **엄마:** 생일을 기준으로 아래로 한 칸씩 이동하면 어떤 규칙이 있을까?
- **아이:** 음…… 아래로 한 칸씩 이동할 때마다 수가 7씩 커져요.
- **엄마:** 오~! 규칙 발견 대장인데!

❹ ①~③ 활동을 통해 달력 속 수의 배열에서 규칙을 확인했다면, 이제 달력에서 여러 날짜를 과자로 가립니다. 아이는 가려진 날짜를 예측하고 맞히는 활동을 합니다. 정답을 맞힐 때마다 점수를 얻고, 일정 점수 이상 획득하면 원하는 간식을 먹을 수 있도록 해 주세요. 이때 아이가 다음에 올 수를 설명할 수 있도록 지도하는 것이 좋습니다.

- 엄마: 달력 속에 정말 많은 수 규칙들이 있었지. 그럼 이 과자 밑에는 어떤 날짜가 가려져 있을까?
- 아이: 너무 쉬워요! 오른쪽에서 왼쪽으로 갈수록 하나씩 작아지는 수잖아요. 5일이에요.
- 엄마: 와! 5월 5일 어린이날이네.

❺ 내가 발견한 수 배열 중 같은 규칙이 있는 것을 같은 색 색연필로 표시합니다. 수 배열의 규칙마다 다른 색 색연필로 표시하면, 달력 속 다양한 수 배열의 규칙이 더 잘 보이게 되어 발견의 즐거움과 성취감을 느낄 수 있습니다.

- 엄마: 7씩 작아지는 수의 규칙을 달력에서 세 곳만 찾아볼까?
- 아이: 이렇게요! 세 군데 말고도 더 표시할래요!